担当になったら
知っておきたい

0・1・2歳児の 生活援助

かかわりの基本

聖マリア保育園園長　小田圭子／著

チャイルド本社

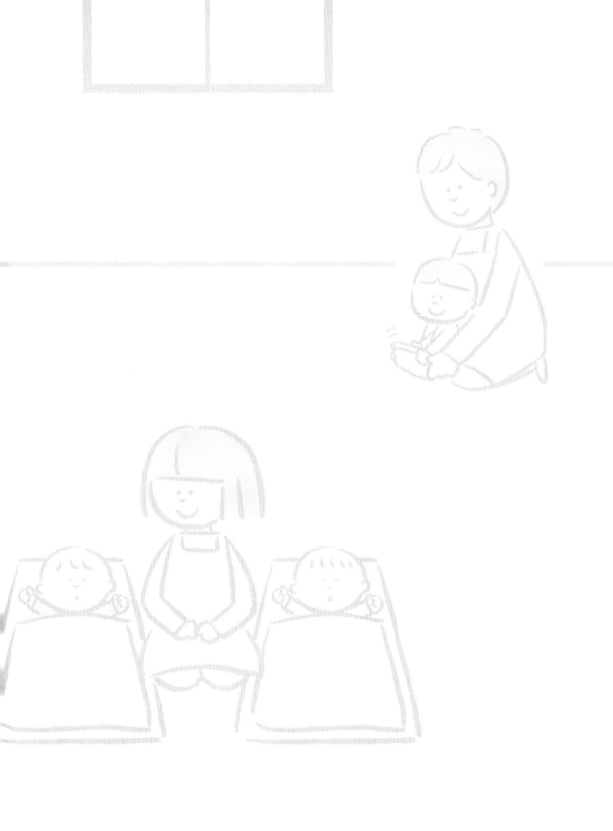

はじめに

「来年度は乳児組の担任です。お願いしますね」とあなたが園長から言われたら？　赤ちゃんはかわいい、ワクワクもするけれどちょっと心配、できるかなぁ。そんな気持ちでしょうか。わたしも27年前、「0歳児クラスね。よろしくお願いします」と園長先生に言われたときはうれしい反面不安でした。実際に入ってみて、戸惑ったのは子どもとのかかわり方。めまぐるしく動くなかで先輩先生方の見よう見まねでやっていくので、細かいところはなかなか聞きづらいこともありました。

今回、チャイルド本社の方から「かかわり方で困ったときに手にとってみる、虎の巻のような本にしましょう」とお話があったときに、自分が戸惑った経験を思い出し、「それはすてき」とすぐに承諾したのを覚えています。きっと皆様の園のやり方もあると思いますので、子ども一人ひとりの人権を考えるかかわりや「これってどう声をかけどうかかわるのがいいんだろう」と迷った際のひとつの目安として使っていただけたら幸いです。

保育という仕事は、将来子どもたちが困難にぶつかってもいろいろな人やものにつながる力をもって乗り越えていく、その力を子どもといっしょにつくっていくことなのだと思います。そして、その根本にあるのが「愛されること」「どんなに小さくとも人としての意思を尊重され、ていねいに対応してもらった」という0・1・2歳児からの積み重ねの経験だと思います。分野別でわかりやすく紹介していますので、この本が皆様の少しでもお役に立てば幸いです。

最後に発刊にあたり、わかりやすくまとめてくださった、ライター・編集の前田さん、宗像さん、チャイルド本社の竹久さんに支えていただき、本当にありがとうございました。感謝を込めて。

社会福祉法人 聖マリアの家　聖マリア保育園　園長

小田 圭子

担当になったら押さえておきたい

0・1・2歳児の生活援助 かかわりの基本

CONTENTS

0・1・2 歳児の かかわりの基本 …………… 07

実践編 ……………………………… 15

手をつなげるように
なりましたよ

本書の見方

本書は、子どもと接するのが初めての人でもわかりやすいように、援助の方法をできるだけていねいに解説しています。園によって保育環境や援助の手順に違いはありますが、基本的に心がけておきたいポイントを押さえていますので、ぜひご活用ください。

※本書では、子どもの発達過程を紹介していますが、発達には個人差があるため、あくまでも目安としてください。

1 心がまえを押さえよう！

まずは、各分野における保育者としてのかかわり方を知り、子どもの人権を大切にする視点で考えてみましょう。

2 発達の流れを知ろう！

各分野に関連する0・1・2歳児の発達の流れと、その時期に必要なかかわりがひと目でわかります。

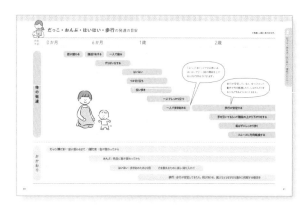

3 基本のかかわり方を知ろう！

基本的な援助の方法について、手順を追って解説しています。

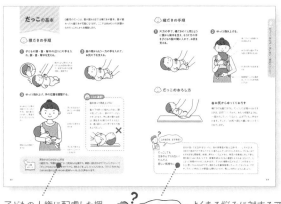

子どもの人権に配慮した援助について、考え方や心がまえを掲載しています。

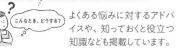

よくある悩みに対するアドバイスや、知っておくと役立つ知識なども掲載しています。

4 自立に向けて子ども・保護者への援助を知ろう！

子どもの自立に向けた援助、保護者とのコミュニケーションのポイントを掲載しています。

0・1・2歳児の
かかわりの
基本

保育者による
「生活援助」とは？

目の前にいる「その子」の思いに応えること

　「生活援助」とは、子どもに対する「配慮」「気遣い」「お世話」であり、保育においては、「養護」という言葉で置きかえることができるでしょう。では、養護とはなんでしょうか。子どもが安全に、安心して健やかに暮らし、充実した毎日を過ごすこと。それを目ざして、保育者が子どもの気持ちをくみ取り、その思いを言葉にしながら、そっと手助けすること、つまり、子どもの思いに応えることが「養護」だと思います。

　大切なのは、目の前にいる「その子の思いにどう応えるか」です。子どもという存在は、しゃべれなくても、「〜したい」という欲求や「これってなんだろう」という驚きにあふれています。そして、子ども一人ひとりに個性があり、思いや感じ方、成長のタイミングは違います。その子が「どうしたいのかな」「どう思っ

ているのかな」ということを想像し、その思いに応えることは、大事な「生活援助」のひとつです。

2

生活援助においても
大切にしたい子どもの「人権」

大人と同じように当然守られるべき権利

1989年に子どもの権利条約(児童の権利に関する条約)が国連総会で採択されました。この条約は、世界中の全ての子どもたちの権利を保障するために定められました。その基本的な考え方は次の通りです。

> ●**子どもの最善の利益**
> 目の前の子どもにとってもっともよいと思うことを常に考えます。
>
> ●**生きる権利**
> 全ての子どもの命が守られ、成長する権利をもっています。
>
> ●**差別されない権利**
> どのような理由でも差別されてはいけません。
>
> ●**参加する権利(意見の尊重)**
> 自分の意見や思いを表明する権利をもっています。

誰にでも自分の思いや意見を自由に表現する権利があります。しかし、長い間、子どもは大人と同じように権利が尊重されているとはいえませんでした。大人側が「子どもだから」という理由で、「これくらい言ってもわからないだろう」などと決めつけ、言葉や力で子どもの思いを抑え込んでいることがしばしばありました。

例えば園でも、保育者が「子どもが危ないからあっちに連れていこう」と思い、子どもをひょいと抱き上げて連れていく。そういった行為は大人で考えれば、歩いていていきなり腕を引っ張られて連れていかれるような感覚です。「自分がもし、これをされたら……」を常に考え、子どもたちに接してみてください。

だっこするね

3

生活援助に欠かせない
子どもとの「対話」

対話を重ねることで信頼関係ができる

　0・1・2歳児は特に、大人との信頼関係が成長発達に大きく影響します。そのため、生活援助においては、物理的に手助けをする以外に、子どもとの対話（言葉のやり取り、言語化など）が大きな比重を占めています。

　保育者は、子どもの思いを代弁するのが基本です。子どもがやりたいこと、要求すること、思ったことを言葉にしましょう。もし子どもが「○○だった」と言ったら、保育者も「そう、○○だったのね」と繰り返します。簡単なことですが、子どもは「受けとめてもらえた」という満足感が得られます。もちろん、まだ言葉を発していなくても、子どもの指先、目線の先には伝えたいものがあるはずです。それを逃さず、同じように目で追い、思いをくみ取るように努めましょう。また、子どもに対してなにかを行うときは、必ず子どもの意思を聞くようにします。大人が子どもに対して一方的

に働きかけるのではなく、なにをするにせよ、子どもと目を合わせ、声かけをすることは、大切な対話のひとつです。

　保育者が子どもにとって、「この人がいてくれるから安心。安心だからやってみよう!」「信頼する人がやっていることをまねしてみたい」と思えるような存在であること。それが子どもの成長発達の根底にあることを忘れずに過ごしてください。

びっくりしたのね

4

「自分でできた!」が
自立心を育む

あたたかいまなざしを向け、手助けはさりげなく

自立というと、保育の5領域では「人間関係」の領域に当たります。子どもが自立するには、日々の生活のなかで「自分でできた」という体験を積み重ねていくことが必要です。保育者は、子どもの思いをくみ取り、言葉にして受けとめて(受け入れるとは違います)、「〜したい」という挑戦をさりげなく手助けしていきましょう。

この「さりげなく」というのがポイントです。保育者が「わかっているよ。これをやりたいんでしょ。やってあげる」と言わんばかりの態度で、言葉もなく手を貸してきたらどうでしょうか? 子どもの思いを尊重できているとはいえないでしょう。

0・1・2歳児の時期は、見るもの、触るもの全てに驚くとともに、「〜したい」という欲求を抱きます。この「〜したい」という思いを、一人の人として、保育者に受けとめられ、見守られながら実際にやってみること。なにかが「できた!」という瞬間には、保育者がいっしょになって喜んでくれること。その小さな積み重ねが、「次はどうなるだろう」「こうするとどうだろう」というさらなる欲求へとつながっていきます。「〜したい」に対して、信頼する保育者の「やっていいよ」というあたたかいまなざしや共感のうなずき、サポートがあること。0・1・2歳児には特にそれが大事です。

○・1・2歳児 の発達

0歳

心の発達

●生後2〜3か月頃までは、空腹だから泣くなど生理的欲求による情緒だが、少しずつ人の顔を見るとほほえむなど、社会的な情緒が現れる。声や表情、体の動きでさまざまな感情を表現するようになる。

●身近な人との情緒的なかかわりから愛着関係(アタッチメント)が形成される。

●6か月前後から喃語を発するようになり、少しずつ言葉の意味もわかるようになる。

●8か月前後には顔の区別がつき、人見知りをするようになる。

体の発達

●4か月を過ぎる頃には、外からの刺激に対して無意識に体が動く「原始反射」はほぼ消滅する。

●握ったままだった手のひらが少しずつ開き、物をつかめるようになる。

●4か月頃までに首が据わり、その後は寝返り、おすわり、はいはいを経て、つかまり立ちや伝い歩きができるようになる。

●6か月頃には母体由来の免疫がなくなり、感染症にかかりやすくなる。

●1年で身長は約1.5倍、体重は約3倍になる。

生活習慣

●新生児のうちは1日の大半を寝て過ごすが、少しずつ睡眠と覚醒のリズムができ、昼夜の区別がついてくる。

●母乳やミルクが一番の栄養源。月齢が進むにつれ、授乳の間隔や回数、量が安定し、リズムが整ってくる。

●5か月頃には離乳食を始める。いろいろな食品に慣れ、かんだり飲みこんだりできるようになる。

1歳

- 自我が芽生え、「自分でしたい」という自己主張が始まる。
- 周囲のものに興味を示し、自発的に探索活動を行うようになる。
- 他者の存在や感情にも気づき始める。関心がある子の隣で同じ遊びをするなどの姿が見られる。
- 言葉の理解が進み、意味のある言葉(一語文)が出始める。
- 象徴機能が発達し、おもちゃを実物に見立てて遊ぶようになる。

- 体重の増加が緩やかになり、赤ちゃん体形から幼児型の体形に変わっていく。
- 一人歩きが始まり、自ら行動することを好むようになる。1歳後半には歩行が安定してくる。
- 手指の機能が発達し、小さい物もつかむことができ、手指の操作が巧みになる。
- 上下の前歯に加え第一乳臼歯が生えて、ある程度硬く弾力のあるものをかみくだけるようになる。

- 夜の睡眠が深くなり、日中は1、2回の睡眠ですむ子が増える。毎朝決まった時間に起きるなど、生活リズムが安定してくる。
- 周囲の行動を見て手洗いや着替えなどに興味をもち、手伝ってもらいながらやり方を覚えていく。「きれい」「汚い」の違いもわかるようになる。
- 食事で必要な栄養をとれるようになり、母乳やミルクを卒業する。

2歳〜

心の発達

●語彙が著しく増加し、単語を組み合わせた二語文、三語文が出てくる。自分のしたいことを言葉で言い表せるようになる。

●自分を認めてほしいという気持ちが出てきて、思いどおりにいかないと怒る姿が見られる。

●模倣やごっこ遊びをしたり、絵本で物語を楽しんだりできるようになる。

●友達とのつながりを意識し始め、物を取り合う・分け合うなどの姿が見られる。

わんわん どこ？

体の発達

●運動機能が発達し、転ばず走る、跳ぶ、方向転換するなどのさまざまな動きが可能になる。

●心と体が一体となり、少しずつ周りを見ながら行動できるようになる。

●指先を細かく動かせるようになり、日常生活でできることが増える。粘土遊びやお絵描きなどに熱中するようになる。

●排泄の自立に必要な身体的機能がそろってくる。

●乳歯が生えそろい、咀嚼力が増してくる。

生活習慣

●夜の熟睡度が増してくる。昼間は体を休める程度の午睡で、日中に活発に過ごせるようになる。

●食事の場面では、大人の手助けがなくても、フォークやスプーンなどの食具を使って一人で食べられる子が増える。一度に食べられる量もわかってくる。

●身の回りのことを自分でしようとする意欲が育つ。着替えやすい衣服なら着替えられたり、自分で手洗いやうがいをしたり、できることが増えていく。

実践編

健康観察

健康観察で子どもの健康状態を把握することは、その日の活動を行ううえでも、感染症の早期発見、感染の拡大予防のためにも欠かせません。朝の受け入れ時には、保護者とコミュニケーションをとりながら、健康観察を行いましょう。

全身をチェック&連絡帳の確認

登園時に全身をチェックするとともに、遊びや食事、午睡など、活動の前後にも体調に異変がないか、常に確認しましょう。毎日観察していると、「きょうはいつもと違う」と気づけるようになってきます。また、連絡帳に保護者からの連絡事項はないか、早番・遅番の保育者からの連絡事項はないか、なども必ず確認しておきます。

子どもの体調に異変を感じたら、まずは体温測定を

子どもの具合が悪いときは、まずは体温を測りましょう。熱はあるけれど機嫌や食欲には問題がなく、感染症も流行していないのなら、保護者には連絡をするのみで、園で様子を見ることもあります。感染症が流行していて、子どもの健康状態も悪いときは、保護者に迎えに来てもらうことになります。

人権の視点で

観察される側である子どもの気持ちになることを忘れずに。じろじろと観察するのではなく、あくまで自然に行うように意識しましょう。体に触れたり服をめくったりするときは、いきなりではなく声をかけてから行います。保護者とコミュケーションをとる際は、なるべく保護者の負担にならないよう配慮します。「朝、子どもを受け入れたときの状態で保護者に引き渡す」のが保育の基本です。1日を通してしっかり子どもの様子を見ていきましょう。

健康観察
の基本

「子どもを見て、触って、お話をして」が健康観察の基本です。朝、登園してきたら、「○○ちゃん、おはよう」と声をかけ、全身のチェックをしましょう。

健康観察のポイント

だっこをしたり話しかけたりしながら、全身をチェック。コミュニケーションを図りながら、子どもの表情や機嫌を見る。保護者の様子も見ておく。

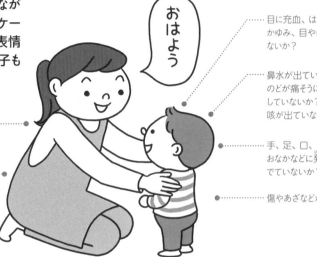

おはよう

じろじろ見るのではなく、あくまでも自然に

前日の遅番・早番の保育者からの連絡事項もチェックする

目に充血、はれ、かゆみ、目やにがないか？

鼻水が出ていないか？のどが痛そうにしていないか？咳が出ていないか？

手、足、口、おなかなどに発疹がでていないか？

傷やあざなどがないか？

子どもの体調に異変を感じたら

1 症状を記録し、体温を測る。

保育中に元気がない、体が熱い、食欲がない、機嫌が悪い、下痢や嘔吐をしたなど、体調の異変を把握したら症状を記録し、体温を測る。

2 保護者に連絡する。

熱があった場合は、園の方針に従って保護者へ連絡をし、子どもの様子を伝える。園で様子を見るか、迎えに来てもらった方がよいか、看護師や主任にも相談する。

3 子どもは別室で待機し、迎えを待つ。

保護者が迎えに来るまで、子どもは保健室などの別室で待機。迎えに来たら登園許可証（必要な病気が疑われる場合）を渡すなどして受診を勧め、予想される症状を伝える。

保護者との コミュニケーション

登園前には子どもの健康観察を

保護者には、登園前に子どもの健康状態を観察し、登園時に知らせてもらうようにします。
以下のポイントをチェックしてもらいましょう。

視診と問診のチェックポイント

☐ 1 熱は高くないか、顔色はよいか

☐ 2 のどを痛がったり、咳が出たりしていないか

☐ 3 目やに、目の充血、目の痛みはないか

☐ 4 排便は済ませたか、下痢や便秘はしていないか

☐ 5 朝食はしっかり食べたか

☐ 6 睡眠不足ではないか

☐ 7 爪は長くないか

☐ 8 皮膚に傷や湿疹がないか

● 乳幼児は、朝は元気でも急に体調が変化することがあります。園を休むほどではなくても体調が悪かったり、薬を服用していたり、チェックポイントで気になることがあれば、知らせてもらいましょう。

● あとになって「この傷はなに?」といったトラブルにならないよう、「おうちでのけがなどはなかったですか?」と聞いておくようにしましょう。

なにか報告を受けた場合は、詳細を聞いておく

例えば、「軟便気味です」など、なにか報告を受けた場合は、色や匂い、回数や前日に何を食べたかなど、できるだけ詳細を聞いておきましょう。そのうえで「大変でしたね。でも、お子さんの体調が急変したら怖いので、なにかあったらお電話しますね」と、保護者の気持ちもくんだうえで、連絡する可能性がある旨を伝えます。

伝えるべきことは簡潔に急ぎでないことはお迎え時に伝える

朝の通勤途中などに慌ただしく子どもを送り届けることが多い保護者。挨拶をするときは、声のトーンをやや高めに、笑顔を心がけましょう。伝えるべきことは簡潔に伝え、急ぎでないお願いごとなどは、お迎え時にゆっくり伝えるようにしましょう。子どもが泣いているときは、保護者も不安な気持ちなので、ひと言声をかけるようにします。時間に余裕があれば、連絡帳を見て「おうちでこんなことをしたんですね」と、書かれている文章をもとに問いかけてみてもよいでしょう。

Section 2

だっこ・おんぶ・はいはい・歩行 のかかわり

だっこやおんぶは、安全かつ子どもが安心できる方法を身につけておきましょう。はいはいや歩行が始まったあとは、子どもがけがをしたりしないように気を配る一方で、子どもの自主性を尊重し、行動を制限しすぎないことが大切です。

だっことおんぶ、どちらがよいかは保護者と相談

保育者が安全にだっこやおんぶをできるようになるには、ある程度の練習が必要です。鏡に映したり、先輩保育者にチェックしてもらったりしながら、子どもたちにとって安心・安全な方法を習得しましょう。だっことおんぶ、どちらがよいかは子どもによって異なるので、保護者に家での様子を聞き、子どもの好む方法で行うようにします。

はいはい・歩行は安全な環境を整える

寝返りができるようになると、ずりばいやはいはいを経て、つかまり立ち、伝い歩きをするようになります。この時期、子どもの視界は一気に広がり、保護者は目が離せなくなります。これまで手が届かなかった物に触ったり、つかんだり、引っ張ったりするので、危険のないように、少し先を読んで安全な環境を整えておきましょう。

人権の視点で

だっこやおんぶなどをするときは、黙って抱き上げないようにします。必ず子どもと目を合わせて声をかけ、子どもの心の準備ができてから行いましょう。はいはいや歩行が始まると、子どもは自由に動き回るようになります。危ないと思うこともあるかもしれませんが、子どもの挑戦を見守り、認める言葉をかけることが、自信ややる気を育み、運動機能の発達を促すことにつながります。

だっこ・おんぶ・はいはい・**歩行**の発達の目安

月齢年齢	0か月	6か月	1歳

体の発達

首が据わる　　寝返りをする　　一人で座る

ずりばいをする

はいはい

つかまり立ち

伝い歩き

かかわり

だっこ (横だき):首が据わるまで／(縦だき):首が据わってから

おんぶ:完全に首が据わってから

はいはい:歩き始めたあとも

2歳

「立つ」「歩く」ができる頃には、はいはいで2〜3段の階段を上がることもできるようになります。

歩行が安定していると、ゆっくりとした動作で方向転換したり、しゃがんだりすることもできるようになってきます。

一人でしっかり立つ

一人で歩き始める

歩行が安定する

手を引いてもらって階段の上がり下がりをする

転ばずにしっかり歩く

スムーズに方向転換する

を鍛えるために楽しく取り入れて

歩行：歩行が安定してきたら、飛び降りる、跳ぶなどさまざまな動きに挑戦する機会を

だっこの基本

0歳児のだっこは、首が据わるまでは横だきが基本。首が据わったら縦だきが可能になります。ここではあおむけの状態からのだっこのしかたを解説します。

 ## 横だきの手順

1 子どもの頭・首・背中の辺りに片手を入れ、頭・首・背中を支える。

横から少し手を入れると子どもが自然と傾くので、安定する手の位置を探し、固定する

2 股の間からもう一方の手を入れて、お尻の下を支える。

3 ゆっくり抱き上げ、手の位置を調整する。

ゆらゆらしたり背中を軽くトントンしたりすると、落ち着くことが多い。家庭でのやり方にならうとよい

子どもを自分の体にしっかり密着させる

お尻から背中を支える

頭はひじの内側で支える

子どもの背中はなるべくCカーブになるように

 **ここに注意！**

脇を持って抱き上げない

脇の下を持って抱き上げると、頭が反ってしまい、首がガクンとなりやすくなります。特に首が据わる前は、頭を支える筋力が不十分なため、首と頭をしっかり手で支えて抱き上げましょう。

✕

人権ポイント

声をかけてからだっこする

0歳児でも、"同意のうえで"という気持ちが必要です。事前に目を合わせて「だっこしてもいい？」「だっこするね」などと声をかけてから、抱き上げましょう。だっこしたあとも、「だっこできたね」「(ゆらゆら揺れながら)ゆらゆら気持ちいいね」などと声をかけます。

 ## 縦だきの手順

1 片方の手で、横だきの①と同じように頭から背中を支え、もう片方の手を子どもの股の間に入れて、お尻を支える。

2 ゆっくり抱き上げる。

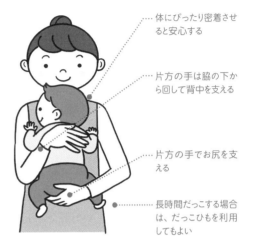

……体にぴったり密着させると安心する

……片方の手は脇の下から回して背中を支える

……片方の手でお尻を支える

……長時間だっこする場合は、だっこひもを利用してもよい

 ## だっこのおろし方

●お尻からゆっくりおろす

横だきでも縦だきでも、だっこした状態からおろすときは、まず「○○ちゃん、おむつを替えようね。一度おろしていい?」などと、必ず子どもに声をかけます。そして、「お尻→頭」の順にゆっくりそっとおろします。

こんなとき、どうする?

だっこしても
泣きやんでくれない!
だんだん
悲しい気持ちに

自分が抱いても泣きやまないのに、別の保育者が抱くと泣きやむ……。そんなとき、「自分の抱き方が下手なのかな」と落ち込んでしまうかもしれません。子どもにはそれぞれ好きな雰囲気、体格、声のトーンなどがあり、特定の保育者に対して安心感を抱くのはよくあることです。愛着形成は子どもの意思もかかわることなので、人によって時間がかかることもあります。子どもの視野が広がれば、「この先生もいいな」と思ってもらえるはずです。抱き方は先輩保育者にチェックしてもらうとよいですが、テクニック的なことが原因とは限らないので、気にしすぎないようにしましょう。

おんぶの基本

おんぶは、首がしっかり据わったらできるようになります。背負い方が難しいと感じる人が多いですが、こつをつかめば簡単です。

 ## おんぶの手順

このタイプの
おんぶひもを
使った場合

1 広げたおんぶひもの上に、子どもをあおむけに寝かせる。

人権
ポイント　**立てる子は寝かせなくてOK**

自分で立てるようになった子は、おんぶをするときに寝かせる必要はありません。立った状態で「ここに足を入れてくれるかな?」と声をかけ、自分で足ぐりに足を入れてもらいましょう。

2 足ぐりに子どもの足を通し、おんぶひもごと抱き上げて、保育者のひざの上へ。

3 子どもの脇の下にひもをかけ、おんぶひもをしっかり持って背中へ回す。

人権
ポイント　**声をかけてから背負う**

子どもと目を合わせて「おんぶしようね」などと声をかけ、子どもの心の準備ができてから背負うようにします。どんなときもコミュニケーションを忘れずに!

4 子どもの位置を決め、ひもを胸の前で2回ねじって掛け具に通す。

5 ウエストの位置でひもをしっかり結ぶ。

隙間が空かないように子どもを密着させると、安定する。

 **おんぶのポイント**

足ぐりに足を通しているか よく確認する

足ぐりに足を通し忘れると、ひもがゆるんだり動いたりしたときに子どもがすり抜けて落ちる危険があります。普段から十分気をつけているとは思いますが、急いでいるときなどは要注意です。背負ったあとも、徐々に足が抜けることがあります。おんぶをしている保育者だけでなく、周囲の保育者も子どもの様子に気をつけるようにしましょう。

高い位置で背負うこと！

低い位置で背負ってしまうと、保育者と子どもの間に隙間ができて不安定な状態になります。保育者がクルリと振り向いたときに遠心力で子どもがドアなどにぶつかってしまうことも。「高すぎない?」というくらいの位置で、しっかりと体を密着させて背負いましょう。

背負うときは思いきって

慣れないうちは、子どもを背中に回して背負う動作を怖いと感じるかもしれません。ゆっくり上げるとかえって危ないことがあるので、思いきって後ろに上げるのがポイントです。最初は他の保育者と2人1組になり、見てもらいながら行うと、こつが早くつかめるでしょう。

子どもの頭が保育者の頭の後ろにくるくらいの高さが目安。

保育者が体を起こすと、子どもの位置が下がってちょうどよい高さになる。

 知っておきたい！

非常時などに便利。さらしでおんぶする方法を確認しておこう

最近は防災用品としても注目されているさらし。非常時には、おんぶひもとしても使うことができます。園内研修などでさらしでのおんぶの方法を練習するなど、使い方を園全体で共有しておくとよいでしょう。背中にしっかり密着するので、安心する子どももいます。

はいはい・歩行の基本

子どもにとって、体を動かすことは遊びそのもの。運動機能の発達段階を理解し、一人ひとりが安心して体を動かせる環境や援助を考えましょう。

はいはいの環境

小さな山を作っておくと全身運動になる

大型のソフト積み木などの上にマットを載せて小さな山を作っておくと、上り下りするだけで全身運動になります。一人ひとりの発達段階に合った山が選べるよう、高さの異なる山をいくつか用意しておくとよいでしょう。

常に子どもの周囲が見渡せるようにする

いつでも手が届く距離で見守る

階段や傾斜を上がる場合は背後にいるようにする

人権ポイント 安全のためであっても一方的なかかわりはNG！

子どもを移動させたいときは、必ず子どもと目線を合わせ、「ここで遊びたいけど、危ないからこっちに行ってみる？」などと声をかけてから。安全のためであっても、子どもの理解を求める姿勢が必要です。ヒヤリとしたときに突然大きな声で「だめ！」「あーっ！」などと言うのはNGです。「○○したかったんだね。でもね、危ないの」などと気持ちに寄り添う声かけをしましょう。

つかまり立ち・伝い歩きの環境

安全な環境を整え、しっかり見守る

歩行が安定するまでは、バランス感覚が不安定で転倒しやすいので、つまずいたり転んだりしたときにけがしそうなものを周囲に置かないなど、安全な環境を整えましょう。ただし、越えられそうな障害物であれば、あえて避けない方が運動機能の発達につながります。

保育者は子どもの横（やや後ろ寄り）に立つ、もしくはひざ立ちなど、すぐに手が出せる体勢で見守るのが基本

危ないものが近くにないか、よく確認する

歩行の援助

前に向かって転倒しがちなので
子どもの前方に立って見守る

まだ歩行が安定していない子どもは、脇を広げ、両腕を上げた状態で歩きます（ハイガード、およびミドルガードとよばれる状態）。転倒したときに自然と前に倒れる体勢なので、保育者は子どもの前方に立って見守ります。

人権ポイント **しっかりほめて、達成感を感じる経験を重ねる**

子どもは保育者の方に向かって歩いてくることが多くあります。無事にたどりついたら両手を広げて抱きしめ、「上手に歩けたね」とほめましょう。

手押し車を押しながらの歩行は
転倒しやすいので要注意

子どもは、手押し車を押して歩くのが大好きです。しかし、歩く速さや力のかけ方をうまくコントロールできないうちは滑ったり転倒したりしやすいので、子どもの横（やや後ろ寄り）に立って見守りましょう。「危ないから」と手を出すとかえってバランスを崩しやすくなるので、子どもの能力を信じて見守ることも大切です。

歩くことに慣れていく
一人ひとりのペースを大切に

歩けるようになると、視界が高く広くなり、子どももうれしくなってより動こうとします。その反面、歩行に集中したことで急に疲れを感じたり、保育者にあまえたりする姿も多く見られます。一人ひとりのペースを大切にし、「いっぱい歩いたね。歩けたね」と十分にスキンシップしながら気持ちを受けとめましょう。

 知っておきたい！

走れる場所や休憩場所をつくっておこう

走れるようになってくると、子どもたちはどこでも走り出します。「ここでは走らないで」と制限しなくてもよいように、思いきり走れる広い場所を確保しておきましょう。1歳児は「よーいドン！」で保育者もいっしょに一方向に走るようにしましょう。また、元気そうに見えても、全身を使って遊ぶのは疲れるものです。遊び場から少し離れた所にマットなどを敷いておき、横になって休める場所を設けてください。

保護者との コミュニケーション

はいはいに関する
悩みをもつ保護者は多い

保護者からの質問でよくあるのが、「はいはいのしかたが普通ではなくて心配」というもの。この場合、股関節などに問題がないかを気にして医師に相談する方も多いですが、特に問題がないことがほとんどです。保護者が驚くようなはいはいであっても、より早く移動するためにその子が編み出した技かもしれません。個性だと受けとめてもらいましょう。また、「はいはいをしないまま立った」というケースもあります。はいはいは、足の裏の感覚や手のひらの力の入れ方、体幹などを育むために経験できた方ががよいですが、はいはいをせずに立つ子もいます。その場合は、遊びのなかで取り入れてみてもよいでしょう。

お尻をひきずるようにして移動したり、動きに左右差があったりなど、さまざまなはいはいがある。

手をつなぐと
歩くのがうれしいみたいです

園での状況を伝えると、「家でもやってみよう」という気持ちになることも。

家でも歩いてもらえるよう
保護者が取り組めることを考える

歩けるようになったら、家でも積極的に歩いてもらいたいところです。しかし、0・1・2歳の頃は、保護者は仕事や家事と育児の両立に苦悩する時期でもあり、「わかっていてもできない」というケースが少なくありません。この場合、プレッシャーを与えると保護者はつらくなってしまいます。保護者の気持ちは受けとめつつ、そのなかでもなにができるかをいっしょに考えましょう。例えば、まずは園での送り迎えのときに短い距離を歩くところからでもかまいません。「できる」を実感できると、保護者や子どもの自信ややる気につながります。

Section **3**

飲む・食べる
のかかわり

0・1・2歳児は、ミルクで栄養をとることから始まり、次第に離乳食を食べられるようになります。食事は体の発達や健康維持に欠かせないだけでなく、楽しく幸せなひとときでもあります。子どもの発達に合わせて進めていきましょう。

授乳は子どもの好みに合った方法で

園での授乳は、子どもの好みもあるため、慣れるまでに少し時間がかかるかもしれません。保護者に園で授乳してもらう機会を設けたり、面談で抱き方や哺乳瓶の種類、飲ませ方などを詳しく聞いたりして、"いつもの方法"を把握し、家庭での授乳に近い方法で行えるようにしましょう。

一人ひとりの発達に合った食事や環境を準備する

離乳食は、大人と同じ食事を食べられるようになるための大切なステップ。子どもの発達に応じて計画を立てるようにします。咀嚼する力や飲み込む力、味覚、歯が生える時期などは、一人ひとり異なるという意識を忘れずに、子どもに合わせた食事内容、食事量、食器、テーブル周りの環境などを整えましょう。

人権の視点で

「体のためにこれだけは食べさせたい」という思いがあっても、単調に、無理に食べさせるのはよくありません。また、「○○ちゃんはピーマンが嫌い」「△△くんは食が細い」などの思い込みも禁物。好き嫌いや食事の量などは、体の発達や周囲の環境によって変わるので、そのときどきに合った工夫をしましょう。声かけや援助を工夫し、食事が楽しい時間になるように配慮することが大切です。

飲む・食べる の発達の目安

月齢 年齢	0か月	6か月	1歳

体の発達

母乳やミルクから栄養をとる

授乳のリズムが安定する

なめらかにすりつぶしたとろとろ状の離乳食を食べる(ゴックン期)

舌を前後に動かして食べ物を口の奥に運ぶ

歯ぐきでつぶせる硬さ離乳食を食べる

食具に興味をもち、大人がスプーンを持つ手に、自分の手を添えてくるようになります。

手づかみで食べる

離乳食は1日3回へ

かかわり

授乳:離乳食が始まったら、離乳食のあとに欲しがるだけ飲ませる

離乳食:食べる量を気にするよりも慣れること

2歳

（ミカミ期）

大人の援助がなくても、一人でだいたいの食事ができるようになります。

上下の前歯4本ずつ生えそろう

ほとんどの栄養を食事でとれるようになる

好き嫌いや、むら食べが目立つようになる

乳歯がそろってくる

「いただきます」などの食事のマナーがわかってくる

を優先する

幼児食：安定した姿勢で食べやすい環境づくりを行う

幼児食：食具を自分で使いたくなる環境を整える

授乳 の基本

0歳児クラスでは、子どもの生活リズムやおなかがすいたときに合わせて授乳をします。ミルクの調乳や授乳方法を確認しておきましょう。

調乳のしかた

準備するもの

沸騰させたお湯を
湯冷まし用のポット
に入れる（約90℃）

お湯を沸かすポット
（必ず一度沸騰させる）

湯冷まし

水

たらい
たらいに水を入れ、
ポットのお湯を約25
～30℃まで冷ます

哺乳瓶
固形または粉ミルクの場合、
セッティングしておく

子どもの名札。飲む量
なども記載しておく

その子の
ガーゼ

作り方

❶ まずは半量の湯を入れて、よく混ぜる。

❷ 半量の湯冷ましを加える。

手首の上のやわらかい部分に少したらし、
人肌くらいになっているか確認する

人権
ポイント

**一人ひとりに
合ったものを用意する**

哺乳瓶の飲み口、飲む量、好みの温度、飲ませる時間の目安、乳糖不耐症の有無など（該当する場合は、乳糖を含まないミルクで対応）は一人ひとり異なります。その子に合ったミルクを用意しましょう。一人ひとりの情報を表で一覧にしておくと、ひと目でわかって便利です。

授乳のしかた

リラックスして飲めるように

正座をして子どもを横だきにし、腕で子どもの頭を支えます。腕に力が入っていると互いにリラックスできないので、腕の力は抜いて、ゆったりとした気持ちで行いましょう。

口元にガーゼを当てる

哺乳瓶はやや高く傾け、空気穴を上にして、乳首が常にミルクで満たされている状態に

夏場は授乳中に汗をかくので頭の後ろにもガーゼを当てておく

💡 人権ポイント

目を合わせてやさしい声かけを

できるだけ静かな環境にし、落ち着いて飲めるようにします。子どもと目を合わせ、「おなかすいたね」「おいしいね」などと、やさしく言葉をかけながら行いましょう。

 こんなとき、どうする?

授乳を始めても、飲んでくれない!そんなときは?

子どもが飲まない場合、抱き方がしっくりこない、ミルクの温度が低い(ミルクの温度は人肌くらいがよいといわれますが、子どもによっては人肌では低く、飲もうとしないことも)、家庭での朝の授乳時間が遅めだったなど、いろいろな原因が考えられます。「どうして飲まないの?」「早く飲んでほしいのに……」と思っていると、その思いが子どもに伝わって、ますます嫌がることも。落ち着いていったん抱き直してみたり、ミルクを温め直したり、時間をずらしたりするなど、対応を試みましょう。

授乳したあと

授乳後はげっぷをさせる

授乳中、子どもはミルクと一緒にたくさんの空気を吸い込みます。授乳後は、げっぷをさせて空気を出しましょう。げっぷをさせるときは、保育者の肩に子どもの胸の辺りが当たるように高めの位置に抱きます。おなかが軽く圧迫されて、げっぷが出やすくなります。

げっぷをさせるときは高めの位置に抱くのが基本

月齢が低い場合

ひざの上で抱いて、ゆっくりと背中をさする

お座りができる場合

お座りの状態で背中をさすってもOK

こんなとき、どうする？

いくらがんばってもげっぷが出ないときは？　授乳後、なかなかげっぷが出ないときもあります。5分以上たっても出ないときは、あまりがんばりすぎずに、横向きで寝かせましょう。寝ている間に吐き戻すことがあるので、ミルクがのどに詰まらないように、必ず顔が横に向くようにします。

離乳食
の基本

首がしっかりと据わってお座りができるようになり、食べ物に興味を示すようになった頃が離乳食を始める目安です。月齢はあくまで参考程度に捉えましょう。

 離乳食のおおまかな流れ

	歯の生え方、舌の動き、口の発達	食べ方と口の動きの目標	食べ物の軟らかさと大きさ	園での食事と授乳回数
初期（5〜6か月頃）	・歯の生えていない子が多い ・下唇が上唇の中に入る状態 ・舌は前後に動かせる	口を閉じて取り込み、舌で奥へと移動させる	・初めの頃は、とろとろのポタージュ状 ・慣れてきたら、ぽってりとしたペースト状	午前：離乳食1回 ＋ ミルク1〜2回 午後：ミルク1〜2回 ※ミルクの回数は月齢による ※離乳食後、欲しがるだけ授乳する
中期（7〜8か月頃）	・下の前歯が生え始める子も出てくる ・唇をしっかり閉じられるようになる ・舌を上下に動かせる	上下の唇をしっかり閉じて飲みこむ	・舌でつぶせる硬さ（絹ごし豆腐くらい） ・0.8mm〜1cm角くらい	午前：離乳食1回 ＋ ミルク1回 午後：おやつ ＋ ミルク1回 ※栄養の多くは母乳・ミルクからとる ※離乳食後、欲しがるだけ授乳する
後期（9〜11か月頃）	・上下4本ずつ歯が生える子も出てくる ・上下の唇が協調して動く ・舌は左右にも動く	奥の歯ぐきで食べ物をつぶして食べる	・バナナくらいの軟らかさ（指でつぶせるくらい） ・スティック状（長さ3〜4cmくらい）	午前：離乳食1回 ＋ ミルク1回 午後：おやつ ＋ ミルク1回 ※離乳食をしっかり食べていれば、離乳食後に無理に授乳しなくてもよい
移行期（1歳〜1歳6か月頃）	・前歯8本がそろい、奥歯が生え始める子もいる ・口角の動き、舌の動きは自由自在に	食べ物を口の中で自由に移動させる	・肉団子くらいの軟らかさ ・1cm角（長さ3〜5cm）のスティック状	午前：9時頃おやつ、昼食 午後：おやつ ※授乳卒業前なら離乳食後に授乳をする。麦茶や水でもよい ※授乳が少なくなったら、おやつを10時頃と15時頃に与える

保育者が食べさせる場合

食べることに慣れ、食べることを楽しむ

5〜6か月頃からまずは食べることに慣れることから始めます。子どもにとって食事が楽しいものと思えることを大切にし、子どもの機嫌や便の様子を見ながら、あわてずゆっくり進めましょう。ミルクは離乳食を食べたあとに、欲しがるだけ飲ませます。

人権ポイント

"楽しい"を共有できる食事体験を!

子どもといっしょに保育者も「カミカミ」「モグモグ」と口を動かして咀嚼を促したり、スプーンに載せたら「電車が参りまーす、ガタンゴトン……○○ちゃんのお口駅に着きました、パク!」などと子どもの好きな遊びに例えたりするなど、工夫してみましょう。楽しい時間だと思えることが大切です。

食事の環境構成

子どもの口に合った大きさ・深さのスプーンを使う

食事に集中できるように仕切りを置いたり、専用の部屋で食事をしたりする

保育者は三角巾とエプロンを着用する

背中と背もたれの間にクッションを入れて、体を安定させる

子どもの体に合ったテーブルと椅子を使う。足の裏が床につかない場合は、足台を用意する

① 離乳食用のスプーンで子どもの口に
食事を運ぶ。

スプーンを下唇に当て、
ちょんちょんとサインを送る
と口を開きやすい

② 口を閉じたら、スプーンをまっすぐに
引き抜く。

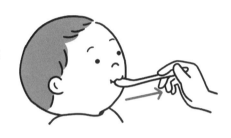

 人権ポイント

食べるペースは子どもに合わせて

口を開けるタイミングや飲みこむ様子をよく見て、スムーズに食べられるように声をかけながら援助しましょう。食べ物が残っているのにつぎつぎとスプーンを運んだり、無理やり口の奥に食べ物を押し込んだりしないようにします。飲み込むのを見届けてから、次のひと口を運びましょう。

 こんなとき、どうする?

**食事に
集中していない!?
そんなときは?**

食事に集中していないときは、なぜそうなのかを考えてみましょう。おなかがいっぱいになった、食べ物を落とすことが楽しい、体調が悪くて食べられない、気持ちが不安定など、子どもなりに理由があるはず。そのうえで、食事を切り上げるなどの対応をします。本人が食べる意欲を見せなくなったら食事を終わりにしてかまいません。

おなかが
いっぱい?
体調が悪い?

自分で食べるようになったら

食事の環境構成

子どもの発達に合わせ、持ちやすく食べやすい食具や食器を用意

子どもの咀嚼力や嚥下力に合わせたメニューや、手づかみしやすいメニューに

食事は一人分をトレイに載せ、どれが自分の食べ物かわかるようにする

こぼしてもよいように、床に広告紙や新聞紙、シートなどを敷く

スプーンの持ち方と選び方

上手持ち
上からスプーンを握る持ち方。食具の使い始めに多い。

下手持ち
手首の回転させられるようになると、下から握ることが可能に。

鉛筆持ち
鉛筆を持つのと同じ持ち方ができれば、正しい持ち方になる。

初めてのスプーン
最初はスプーンの柄を上から握るので、輪になっていると握りやすい。

スプーン使いが慣れてきたら
スプーンで食べることに慣れてきたら、柄の短い子ども用を使う。

握る力がついてきたら
柄が太くなっているタイプは、しっかり握ることができる。

食べさせるときの援助のポイント

●子どもができるところは子ども自身で

にんじん
持てるかな

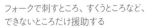

フォークで刺すところ、すくうところなど、
できないところだけ援助する

●食べ終わったら「ごちそうさま」をするよう促す

手をパッチンして
「ごちそうさま」

人権
ポイント　**苦手な食材は無理に食べさせず、ポジティブな声かけを!**

「甘いかぼちゃさんだよ」と素材を伝えたり、「全部食べられたね」とできたことをほめたりするなど、声かけをしなが
ら食事を進めましょう。苦手な食材は「食べられるかな?」「食べるところを見たいな」と、ひと口でも食べるように
声かけをしてみます。友達が食べる様子を見ると食べられる場合もあります。どうしても難しい場合は、「また今度
食べてみようね」と伝え、無理に食べさせるのはやめましょう。

こんなとき、どうする?

**食事中に
立ってしまう……
座ってもらうには?**

食事中に椅子に座っていられず、すぐに立ってしまう子もいるでしょう。その場合、
「先生のおひざで食べよう」と、ひざに座って食べることから始めてみましょう。ま
た、家での食事環境をさりげなく聞いておくことも大切です。椅子やテーブルの高
さ、どのように食べているかがわかると、落ち着いて食べるためのヒントが見つかる
かもしれません。

自立に向けて

「手づかみ食べ」は積極的に体験させてみよう

手づかみ食べは、食べ物の触感や温度などを感じることができる貴重な体験。また、食べ物を目で確かめ、手指でつかみ、口まで運んで入れることは、摂食機能の発達においても重要なステップです。また、「自分で食べることができた」という成功体験にもつながります。手づかみ食べが上達してくると、フォークやスプーンを持って食べられるようになります。

保護者との コミュニケーション

園で使用する食材は家庭で試しておいてもらう

離乳食は、家庭との連携も大切です。園の献立表を配布して使用する食材を確認してもらい、「食べたことのない食材を園で初めて食べる」ことがないように注意しましょう。特に、アレルギーの原因になりやすい食品は、喫食状況を必ず把握するようにします。食べた後に体調を崩した経験のある食品についても、知らせてもらうようにしましょう。

アレルギーの原因になりやすい食品の喫食状況の調査票の例

離乳食	食品	経験済
初期 (5〜6か月)	粉ミルク	○
	昆布・干し椎茸だし	○
	野菜全般	○
	米(おかゆ)	○
	豆腐	○
中期 (7〜8か月)	納豆	
	小麦製品	
	鰹節	
	しらす	
	白身魚	
	ツナ	

排泄
のかかわり

低月齢の赤ちゃんは頻繁におしっこやうんちをします。おむつ替えをこまめに行い、陰部を清潔に保つようにしましょう。歩行ができ、尿意や便意を感じられ、言葉の理解が進んでくると、トイレトレーニングでトイレでの排泄を少しずつ覚えていきます。

おむつ替えは活動の切れ目で
言葉をかけながら行う

おむつ替えのタイミングは、まずは授乳や遊び、午睡などの活動の前後で行うのが目安です。確認してぬれていたら、「おしっこが出て気持ちが悪いよね、取り替えてさっぱりしようね」などと言葉をかけて行います。一人ひとりの排尿間隔がつかめてきたら、子どもの排尿間隔に合わせておむつを取り替えるようにしましょう。

トイレトレーニングは
個人差があるので焦らない

トイレトレーニングを始めて、すぐにトイレで排泄できるようになる子もいれば、そうでない子もいます。なかには、おしっこはトイレでするけれど、うんちはおむつにしかできない場合も。おむつが完全に外れるには時間がかかり、個人差もあるので、焦りは禁物です。長い目で子どもを見守り、援助していきましょう。

人権の
視点で

「プライベートゾーン」という概念をご存じですか？ 体のなかでも特に大切に守られるべきプライベートな部分をさす言葉です。一般には水着で隠れる部分などを、そう呼ぶことが多いといわれています。おむつ替えやトイレトレーニングなどの排泄のかかわりは、保育者にとって日常のことですが、プライベートゾーンを大切にし、プライバシーを保護しようという気持ちを常に意識することが必要です。

排泄 の発達の目安

月齢 年齢	0か月	6か月	1歳

体の発達

おしっこ10〜20回／日
うんち3〜5回／日

少しずつ排泄（はいせつ）の間隔が空き、リズムが整う

おむつが汚れると泣くなど、声で知らせる

うんち、おしっこなどの

尿や便が出

尿や便がたまった感覚がわかるようになり、子どもによっては、意思表示をするようになります。

かかわり

おむつ交換：尿や便で健康をチェック。スキンシップもたっぷりと

2歳

すっきり したね

言葉の意味がわかってくる

ことを自覚する

排泄の間隔がだいたい定まってくる

おしっこ10〜15回／日　うんち1〜2回／日

自立が進みますが、遊びに夢中で漏らしてしまうこともあります。

おしっこを漏らすと「チッチ」など言葉で伝える

保育者が見守っていると、
一人で排泄できる子が増える

トイレの使い方を覚え、ズボンや
パンツを脱いだり、お尻を拭こうとする

トイレへの関心を高める：まねしたい、やってみたい気持ちを尊重

トイレトレーニング：「おしっこしたい」のサインを見逃さない

一日の生活リズムのなかでトイレに行く習慣づけを

おむつ替え
の基本

プライバシーが守られた安心できる場所で、衛生的に行えることがおむつ替えの基本です。おむつ替えスペース周辺には常に必要なものをそろえておくと、スムーズに取り替えられます。

 おむつ替えの準備

使い捨て手袋と
エプロン着用が望ましい

おむつ替えのときは、使い捨て手袋とエプロンを使用し、おむつ替えをするたびに新しいものに取り替えましょう。

**殺菌消毒液・
ティッシュペーパー**

おむつ替えが終わったら、殺菌消毒液でマットや周辺を拭く

**アルコール
消毒液**

おむつ替えのあとは、必ず手洗いとアルコール消毒を

**ぬるま湯を
入れたボトル**

便がこびりついてとれないときに使用する。きりふきでも代用可

新しいおむつ

シートの上に広げておく。便がゆるいなど、汚れそうな場合は途中で敷いてもよい

**ウェット
ティッシュ**

**アルコール
ティッシュ**

保育者が使用する

お尻拭きシート

蓋付きのごみ箱

使用済みのおむつを捨てる

おむつ替えの環境

衛生管理がしやすい場所で行う

おむつ替えのスペースは、子どもが通る動線上は避けましょう。終わったあとに手を洗うので、水場の近くがよいでしょう。トイレの中におむつ替えスペースが設置されている場合は、そこで行います。排泄物はいろいろな病気の感染源になるため、衛生管理は園の方針に従ってきちんと実行しましょう。

人権
ポイント

他の人の目に
触れないスペースで行う

0歳児だから羞恥心はないと思うのはNG。おむつ替えは、子どものプライバシー確保のために、パーティションやカーテンなどで仕切られた空間で行いましょう。

 ## おむつ替えの手順　※テープタイプのおむつで解説します。

❶ おむつ替えをするスペースに子どもをあおむけに寝かせ、
汚れたおむつを開き、足を持ち上げる。

人権
ポイント

子どもの目を見て、
笑顔で話しかける

「お尻が汚れて気持ち悪かったね、きれいにしようね」「お尻を拭くね、お尻上げるよ」と必ず声をかけながら行いましょう。子どもがおむつ替えを理解するようになると、声かけに応じてお尻を上げるようになります。本人の意思で動くと、脱臼もしにくくなります。

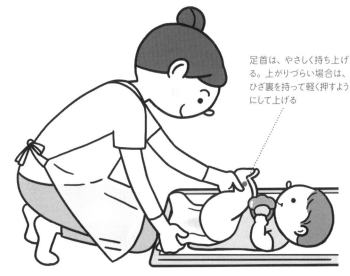

足首は、やさしく持ち上げる。上がりづらい場合は、ひざ裏を持って軽く押すようにして上げる

泣きそうなときは、お気に入りのおもちゃや音が出るものを持つと落ち着くことも。ただし、おむつ替えに意識が向きづらくなるので、毎回行うのは避ける。

※足首を無理に力強く持ち上げると、脱臼することがあるので注意する。

② お尻拭きシートで、汚れをよく拭き取る。

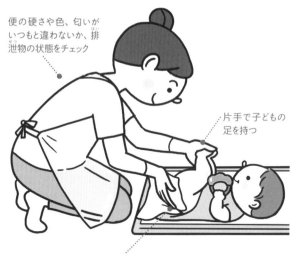

便の硬さや色、匂いが
いつもと違わないか、排
泄物の状態をチェック

片手で子どもの
足を持つ

うんちの場合は拭き残しがないようにしっかりと、おしっこの場合はやさしくてい
ねいに拭く。うんちがこびりついて取れないときは、ぬるま湯をかけて拭き取る

ここに注意！

拭き残しのないように

子どもの両足の付け根は深くくびれ
ていることが多く、拭き残しをしやす
い部分です。排泄物が皮膚に残っ
ているとただれの原因にもなるので、
よく見てしっかり拭きましょう。また、
汚れが回りやすい背中のほうも、お
尻を持ち上げて拭くようにします。

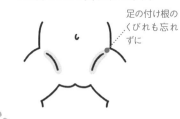

足の付け根の
くびれも忘れ
ずに

男女別 拭き方のポイント

【男の子】

いんのう(袋の部分)の周りに
汚れがたまりやすいので、裏
側までていねいに拭き取る。
前から後ろに向かって拭くの
が基本だが、いんのうの形に
沿って真横に、あるいは下か
ら上に拭くこともある。

【女の子】

尿路感染が起きやす
いので、尿道に便が
つかないように前から
後ろに向かって拭く。
陰部のひだの間もてい
ねいに拭き取る。

---

③ 新しいおむつをはかせる。

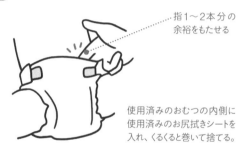

指1〜2本分の
余裕をもたせる

使用済みのおむつの内側に
使用済みのお尻拭きシートを
入れ、くるくると巻いて捨てる。

**人権
ポイント**

**「気持ちがよい」を
実感できる言葉かけを**

おむつ替えのたびに「きれいになったね、さっ
ぱりして気持ちがよいね」とプラスの言葉をか
け、おむつ替えは気持ちのよいことだと知らせ
ましょう。こうした経験を積み重ねていくと、自
分で排泄することへの意識も少しずつ芽生え
ていきます。

トイレトレーニングの基本

一人ひとりの体の発達や子どもの気持ち、保護者の方針などを考慮しながら進めます。月齢にとらわれず、子どもの様子に合わせて進めることが一番のこつです。

トイレトレーニングを始める目安を把握する

排尿間隔が長くなった

トイレで排泄できるようになるには、膀胱（ぼうこう）が発達してためておける尿の量が増えることや、感覚が発達して尿意を感じられることなどが必要です。遊びや食事、午睡など、活動の区切りでおむつをチェックし、ぬれていないことが多くなったら、トイレトレーニングを意識してもよいでしょう。「おしっこ出るかな。トイレに行ってみる？」と誘ってみましょう。

おしっこをしたいという意思を表す

自分の下腹部をポンポンとたたいたり、モジモジしたり、「ちっち」と言ったりしたときは、おしっこをしたいというサイン。トイレで排泄するチャンスです。子どもが「尿がたまって気持ち悪い」と感じているときを見逃さないことが大切です。

！ 知っておきたい！

薄着になる夏は、トイレトレーニングをスタートしやすい時期

薄着になる夏は、衣服を脱ぎ着しやすいのでトイレトレーニングを始めやすい季節です。冬場は寒く、排尿間隔も短くなる傾向があるほか、服を脱ぐのも億劫になりがちです。子どもの発達段階のほか、個性によっては季節も考慮してトイレトレーニングの時期を決めましょう。

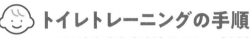 # トイレトレーニングの手順

① トイレにいっしょに行く。

> トイレでおしっこ出るかなー

活動の区切りのタイミングでトイレに行くことを促す。あるいは子どもからのサインがあったときにいっしょに行く

人権ポイント

トイレに行きたくなるような声かけを

無理に行かせて怖い思いをさせるのは禁物です。「○○ちゃんがトイレに行ったよ。△△ちゃんも行ってみる?」「くまさんの(絵が貼ってある)トイレに座ってみる?」など、声かけを工夫してみましょう。トイレに行くことをポジティブに捉えられるよう、本人の意思を尊重しながら働きかけることが大切です。

② トイレでは必ず保育者が一人ついて援助する。

おしっこが出たら「出たね、すっきりしたね」と、出なかったら「また来ようね」と言葉をかける。排泄後の援助を別の保育者がする場合は、おしっこが出たかどうかを伝える

最初はトイレットペーパーをちぎるのが難しいので、1回分をたたんで置いておくとよい。「ふきふきだよ」と伝える

> 出たね!

人権ポイント

洋服のまま座るところから始めても

トイレトレーニングを始めたばかりの頃は、便器を前にするとものおじする子どももいます。その場合は、洋服のまま座るだけでもかまいません。「ここでチーするよ」「1、2、3の間だけ座ってみようか」「1曲歌ったら終わりにしようか」などと声をかけてみましょう。嫌がったら「嫌だね」と言ってやめてもかまいません。

3 排泄後の援助をする保育者は、子どもといっしょに
布パンツや紙おむつの着用を決める。

排泄の様子や子どもの意思によって決める

紙パンツとお兄さんパンツどっちにする？

ここに注意！

お尻が床につかないように！

布パンツや紙おむつをはくとき、お尻が床についてしまうと衛生的によくありません。子どもを座らせず、必ず立った状態のままはかせましょう。体勢が安定しない場合は、保育者の肩につかまってもらいます。

人権ポイント　保育者が先回りしてトイレトレーニングを行わない

子どもの尿意を無視してトレーニングを行うと、うまく尿意を感じ取れなくなる可能性があります。例えば、「誘われたら行くもの」と思ってしまったり、反対に「トイレに行っておかないと！」と脅迫的な感覚が伴うようになってしまったり。「トイレに行っておしっこがしたい」という子どもの自覚が育つためには、一人ひとりのペースに合わせた援助が不可欠です。

こんなとき、どうする？

**どうしてもトイレに
行きたがらないときは？**

おむつが外れる日は必ず来るので、焦らず見守りましょう。嫌がっているのに頻繁にトイレに誘うのは逆効果です。「いつもは行っているのに今日は行きたくなさそう」「かたくなに行きたがらない」などの場合は、本人と対話して、なぜ行きたくないのかを探ってみることも大切です。

**便座に座ってはいるものの
遊んでばかりのときは？**

まずは、トイレが嫌いになるよりはよいことだと捉えましょう。そのうえでトイレを遊び場所だと勘違いしないように、「トイレはおしっこをシーするところだよね」と声かけをし、おしっこが出ない場合は長時間座らせないように働きかけましょう。

自立に向けて

できたことをしっかりほめて、自信につなげる

子どもは周りの大人にほめられ、認められることで成長していきます。尿や便が出たことを言葉やしぐさで知らせられるようになったら、「気持ち悪いのがわかったんだね、すごいね」としっかりほめましょう。トイレトレーニング中は、たとえ尿が出なかったとしても「トイレに行けてすごいね！」と前向きな声かけをします。服を脱いで便座に座れたら「自分で脱げて座れたね」と、成長をいっしょに喜びましょう。

ここに注意！

プレッシャーを与えない

期待を込めていたとしても「この前できたからできるよね」とプレッシャーを与えないようにしましょう。「また漏らしたの？」と失敗を責めるのもよくありません。自尊心が傷つき、おもらしを隠すようになることがあります。

保護者との コミュニケーション

排泄物の状態をチェックし、伝える

おむつ替えの際は、排泄物の状態をチェックする習慣をつけましょう。便の硬さ、色、匂いがいつもと違うようなら、感染症かもしれません。体温を測り、便の写真を撮っておけば、保護者に説明がしやすく、医療機関を受診する際の参考にもなります。

写真

トイレトレーニングは保護者と連携して行う

トイレトレーニングは、家での排泄の様子、園での成功体験やおしっこをしたいときのしぐさなど、保護者と情報を交換しながら進めましょう。「園では今こんなふうにやっています」「トイレにお座りできました」などと伝えると、保護者も「やってみようかな」と前向きになってくれることが多いです。トイレトレーニング中は、着替えが多めに必要になることも伝えておきましょう。

お昼寝明け おむつがぬれていませんでした

へぇ！

保護者もつらくならないように配慮する

忙しくてトイレトレーニングができないという保護者には無理強いせず、どこまでならできそうかを話し合います。「休日だけでもやってみましょう」「まずは座るところからでいいですよ」などと伝え、子どもと保護者の双方にとって、つらいものにならないようにしていきましょう。

Section **5**

睡眠
のかかわり

0・1・2歳児にとって、午睡は必要な睡眠時間を確保するためだけでなく、午前中に遊んで疲れた心身を癒し、午後の活動に備えるためにも必要な習慣です。園で子どもが安心して寝られるように環境を整えていきましょう。

保護者と連携して
体内リズムを整えていく

低月齢児は1日の大半を寝て過ごしますが、徐々にまとまった睡眠がとれるようになり、体内リズムが作られていきます。0・1・2歳児は体内リズムを確立するうえで大事な時期なので、睡眠を含めた生活のリズムを保護者と連携しながら整えましょう。各家庭の生活事情に寄り添いながらサポートしていきます。

こまめなチェックで
乳幼児突然死症候群を防ぐ

乳幼児突然死症候群[1]は、生後2〜6か月頃に多く、まれに1歳以上で発症することがあるといわれています[2]。また、入園など環境が変わったあとの1か月も眠りが浅く、要注意の時期。睡眠中は一人ひとりをこまめにチェックすることが必要です。

※1 乳幼児突然死症候群（SIDS）…それまで元気だった乳幼児が、睡眠中に突然亡くなる原因のわからない病気。事故や窒息とは異なる。
※2 乳幼児突然死症候群（SIDS）診断ガイドライン（第2版）より。

人権の
視点で

「決まりだから」「時間だから」と無理やり寝かせたり、無理やり起こそうとしたりするのは禁物です。寝つきや寝起きがよい子もいれば、そうでない子もいます。必ずしも全員が同じ時間に寝て同じ時間に起きる必要はなく、家での睡眠時間やその日の体調、本人の気持ちなどを考慮しながら柔軟に対応することが大切です。

睡眠の発達の目安

月齢 年齢	0か月	6か月	1歳

体の発達

1日の大半をうとうと寝て過ごす
（1日の睡眠時間は16〜20時間程度）

夜に寝る時間が長くなる

日中の睡眠が午前、

なにかを触りながら入眠するなど、
寝入り方に個性が出始めます。

かかわり

睡眠チェック：0歳児は5分ごと、1〜2歳児は10分ごとに。

一人ひとりの睡眠リズムに合わせて：1対1でかかわりながら安心できるように

2歳

午後、夕方の3回に

1日の睡眠時間は12時間程度に

食事や遊びの途中でも眠くなると寝てしまうことがある

昼間は午前1回、午後1回の
睡眠で十分になる

午後1回の睡眠で元気に過ごせる子どもが増える(2回寝から1回寝へ)

寝る前に「おやすみなさい」、目覚めたときに「おはよう」と言う

一般的な睡眠量は、1日トータルで
11〜12時間(午後寝は1〜2時間)

一人でも眠れるように
なってくる

ほぼ全員が午後1回の睡眠で体力
の回復ができるようになり、午後寝
をしない子も出てくるようになります。

寝ている姿勢や暑がっていないかもチェック

午後寝の習慣付け：目覚めの時間はそれぞれの子に合わせる

午後寝をしない子への配慮

睡眠 の基本

睡眠中の事故や乳幼児突然死症候群を防ぐための対策をしっかり行いながら、一人ひとりが安心して快適に眠れる環境を整えましょう。

睡眠の環境

必ず保育者が見守る。睡眠チェック用のセンサーを使用するとしても、必ず保育者が一人ひとりの状態を確認する

顔だけでなく体全体をあおむけにして寝かせる

布団またはコット（基本的に2歳以上で使用）。柔らかい布団は使用しない。周囲にぬいぐるみやひも状のものを置かない

快適な温度や湿度を保つ

室温の目安は、夏場は26〜28℃、冬場は20〜23℃。湿度は50％前後に保ちましょう。冬場のインフルエンザ対策としては60％が目安です。

子どもの状態を確認できる明るさに

子どもに直射日光が当たらないように配慮しますが、遮光カーテンを閉めるなど、夜のように暗くする必要はありません。薄暗い程度にして、子どもの顔色や表情がわかるくらいの明るさを保ちましょう。

静かに音楽を流してもよい

オルゴールのようなやさしい音色の曲や、落ち着いた曲調の音楽を静かに流してもよいでしょう。ただし、入眠後は寝息の変化を聞き取れるように音楽を消します。

入眠時の援助

だっこでゆらゆらなど
家庭でのスタイルに合わせて

寝つきをよくするこつは、一人ひとりの好みの入眠のしかたを把握すること。まずは、家庭での寝かせ方と同じ方法を試みます。だっこやおんぶでゆらゆら揺れる、ベビーラックで寝るなど、家庭と同じようにしているうちに園でも安心して、自然と布団で寝るようになっていきます。

気持ちよく眠りにつけるように
寄り添う

なかなか寝つけないとき、ふくらはぎや足の裏をさすったりもんだりすると、気持ちよさそうに眠ることがあります。入眠時に保育者の耳たぶや二の腕を触りながら寝るのが好きだったり、その子にとって安心できるもの（ぬいぐるみやお気に入りのおもちゃなど。使用する場合は、眠ったら離れたところに動かしましょう）を持つと眠りにつきやすかったりと、子どもによって癖があるので、一人ひとりに合わせましょう。

 人権
ポイント **眠るタイミングは子どもの様子を見ながら**

子どもたちを無理に同じ時間に寝かせる必要はありません。各自登園時間が違い、家での生活スタイルも違うのですから、すぐに寝られない子どもはぬいぐるみで遊ぶなど自由に過ごさせ、眠そうな様子が見られたら声かけをして寝るように促してみましょう。

睡眠中の援助

保育者が必ず見守り、睡眠チェックをする

乳幼児突然死症候群を防ぐためにも、睡眠中は保育者が見守り、一人ひとりに睡眠チェックを行いましょう。0歳児は5分に1回、1～2歳児は10分に1回の頻度で行います。体調が悪いときや環境に変化があったときなどは、特にしっかりチェックします。

うつぶせで寝ている子はひっくり返す

午睡中、うつぶせで寝ている子がいれば、ひっくり返してあおむけの状態にしましょう。このとき、起こさないようにとゆっくり動かすとかえって目を覚ましやすくなるので、さっと手早くひっくり返すのがポイントです。胸の上や額を軽くトントンとたたき、うつぶせのときの圧迫感や温かさを保つようにすると、目を覚ましづらくなります。

両腕の付け根の辺りを持ち、手早くくるりとひっくり返す

ひっくり返したら胸の上や額を軽くトントンとたたく

こんなとき、どうする？

途中で起きてしまった場合はどうすればいい？

途中で目覚めてしまうのは、「もっと寝たいのに目が覚めてしまった」か、「満足するくらい寝た」などの理由が考えられます。トントンと軽くたたいて眠るようなら寝かせ、寝ないようなら無理に寝かせなくてもよいでしょう。早く目覚めた子は、その場で横になっているだけでもかまいませんし、寝ている子どもたちから少し離れたところで静かに遊ばせてもよいでしょう。

目覚めたときの援助

気持ちよく目覚めるための声かけを

目覚めるときはカーテンを開けて部屋を明るくし、元気な曲をかけながら、「いっぱい寝たね、起きよう」「おやつを食べよう、おいしいのがあるよ」「きょうのおやつは○○だよ、いい匂いがしてきたね」などと気持ちよく起きられる言葉をかけましょう。

おはよう！起きて、おやつを食べようか

起きたかな？おやつ食べる？

目が覚めてきたら「おやつ食べる?」などと声をかけ、次の行動へと促していく

起きられない子は少し様子を見る

なかなか起きられない子は無理やり起こさず、しばらく横について様子をみましょう。「眠いんだね。みんなは起きてるけどまだ寝ていいよ。もう少ししたら起こすね」と声をかけると、次に起こしたタイミングで起きられることが多いです。その子が思っているであろうことを言葉にして、「次はこうするよ」と予告すると、子どもの意識がそちらに向かいやすくなります。寝すぎると家での睡眠に影響が出てしまうので起こす必要はありますが、子どもに寄り添いながら対応していきましょう。

 人権ポイント **寝ている子どもを無理に動かさない**

起こしたいからと、まだ寝ているのに体をゴロゴロと転がしたり、無理に立たせたりするのはやめましょう。誰でも目が覚めていないのに無理に動かされるのは嫌なものです。「もし自分がされたらどう感じるだろう?」という視点を忘れないようにしましょう。

保護者との コミュニケーション

入園前には
あおむけで寝る練習を

乳幼児突然死症候群を防ぐため、睡眠時はあおむけで寝かせるのが基本です。保護者に対しても、入園前には子どもをあおむけで寝かせる練習をしてもらいましょう。

決まった時間に起きる
習慣づくりを

人の体内時計の周期は約25時間だといわれていますが、朝起きて太陽の光を浴びることで24時間の周期にリセットすることができます。前日の寝る時間がなん時であっても、決まった時間に起きることが体内リズムを整えるためには重要ですから、保護者にはそれを心がけてもらうように伝えましょう。ただし、家庭にはそれぞれの事情があるので、できる範囲で実践してもらうようにします。

寝る直前までテレビや
スマートフォンを見せないこと

テレビやスマートフォンなどの画面を見ると、メラトニンと呼ばれる睡眠を促すホルモンの分泌が抑制されます。その結果、脳が覚醒して睡眠の質が低下するほか、睡眠中に分泌される成長ホルモンの量も減ってしまいます。就寝の約2時間前からはディスプレイを見ない方がよいことを伝えましょう。

こんなとき、どうする？

保護者から
「園であまり
寝かせないでほしい」
と言われたら？

「家で寝られなくなるから」という理由で、園での睡眠を控えてほしいという保護者もいます。この場合、家での睡眠状況や生活スタイルをうかがいながら、園での睡眠をどの程度にするとよいかを保護者といっしょに考えていきます。家ではできる限り毎日同じ時間に起きることを心がけてもらい、そのうえで子どもの様子を見ながら園での睡眠を調節していきましょう。

Section **6**

着脱
のかかわり

着替えの最中に自然と手足を動かすというところから始まり、少しずつシャツを着る、ズボンをはくなどが自分でできるようになっていきます。一人で着脱できるまでには時間がかかるので、その子の発達に合わせて援助していきましょう。

自分からやろうとしたときが
着脱の第一歩

0歳児は、お座りができるようになると、保育者がシャツを頭からかぶせたとき、自分で袖に手を通そうとすることがあります。それが着脱の第一歩。袖から手が出ると、子どもは「手が出た！ 自分でできた！」という達成感を覚えます。保育者は「お手てが出たね！」「着られたね！」と喜びましょう。

できないところを
さりげなく手伝う

1歳児になると、ズボンに自然に足を入れようとすることも。保育者は声かけや援助で、子どもが自分でできるような手だてを考えましょう。2歳児になると、さらにできることが増えますが、まだ完璧ではないので引き続き援助をします。落ち着いて取り組むためには、いつも同じ場所で着替えることもポイントです。

人権の
視点で

着方を間違っても意欲を否定せず、さりげなく援助を行い、できたことをしっかりほめます。「ズボンを下ろせた」「上着から頭を出せた」など、まずは少しでも一人でできることを見つけ、成功体験をつくっていきましょう。子どもの「自分でやりたい」「自分でできた」の思いを大切にしましょう。自分で着脱ができる子と援助が必要な子に分かれてきたら、自己肯定感に配慮し、両者のスペースを区切るのなどの配慮をします。

着脱の発達の目安

月齢 年齢	0か月	6か月	1歳
体の発達		着替えさせると手足をバタバタして、スキンシップを喜ぶ	
			言われたことが理解でき、着替え

かかわり	こまめなケアで清潔を保つ：「さっぱりしたね」の声かけで、子どもが意識できるように		
		生活の流れのなかで、着替えに興味をもて	

2歳

に協力的になる

周囲の人の行動を見て、まねをする

脱ぐことをおもしろがる様子が見られる

ズボンやパンツなどは一人で脱げる子が増える

身なりを整える意味がわかり、
声をかけるときれいにする

衣服の前後や表裏が
わかってくる

脱いだ衣服を決められ
た場所にしまったり、
整える姿が見られる

援助されずに、一人でやりたい
気持ちが強くなります。

着脱しやすい衣服なら着替えられ
る子が増えますが、前後が逆のこ
とも。ボタンかけなどの細かい作
業はまだ難しい時期です。

るようにする：楽しく着替えられるような声かけを

「自分で脱ぐ」援助から：靴下やズボンがチャレンジしやすい

「自分でできた」と達成感を感じられる援助を：
待つことが基本。手伝うときはさりげなく

上着の着脱 の基本

着るよりも脱ぐ方が簡単なので、一人で座れるようになったら、脱ぐことから始めましょう。服に自分で手を入れてみたり、服をかぶりたがったりしたら、着ることにも挑戦します。

上着を脱ぐ

手順はできるだけ統一

右腕、左腕のどちらを先に抜くかなど、脱ぎ方・着方の手順をできるだけ統一しましょう。衣服のたたみ方やしまい方も同様です。誰もが同じ方法でできるように、保育者間で話し合って決めておきましょう。

① ひじを袖から抜く。

「服、脱げるかな？ 脱ごうね」などと声をかける

袖をそっと上に引っ張ると、ひじを抜きやすくなる。はじめは袖の中から手を入れ、「ここを下げるんだよ」と手助けすると要領がわかり、子どもも自分でひじを抜こうとするようになる。

② 服を上に引っ張る。

できるところは子どもが行う。できないところは保育者が援助を。

衣服をたたむ

子どもが理解できる言葉で伝える

2歳児になると、脱いだものをたたんでロッカーにしまうこともできるようになります。はじめは保育者が目の前でたたむ姿を見せましょう。「袖をパタンパタンしてね。次は半分こにするよ」など、子どもが理解できる言葉で伝え、自分でできるように援助していきます。

① 袖を内側に折りたたむ。

② 半分に折りたたむ。

半分に！

👶 上着を着る

着やすい服

袖に腕を通しやすくするため、少しゆとりのある衣服(伸縮性のあるもの)を準備する。

① 着やすい向きにして服を置く。

背

② 服を頭からかぶる。

③ 襟ぐりから頭を出す。

保育者は服の向きがずれていたら調節する

④ 袖に腕を通す。

保育者は腕を通しやすいように援助する

⑤ 裾を引き下げる。

保育者は後ろに回り、さりげなく裾を引き下げる

！ 知っておきたい!

要領を説明するときは子どもと同じ方向を向いて

上着のボタンの留め方や靴の履き方など、動作の要領を伝えたいときは、子どもの背後に回り、子どもと同じ方向を向いて手を添えましょう。同じ向きで手の動きが見られるため、正面で向かいあうよりも理解しやすくなります。ただし、子どもに励ましが必要なときや、保育者の表情が見えないことで子どもが不安になるとき、手順に慣れてきた場合などは、正面で援助してもよいでしょう。臨機応変に対応しましょう。

こっちで穴に入れるよ

ズボンの着脱 の基本

子どもが立てるようになったら、立ったままズボンを下げる（脱ぐ）のがもっとも簡単な動作です。脱ぐときも着るときも、お尻の部分が引っかかりやすいので、さりげなくサポートしましょう。

ズボンを脱ぐ

① 両手でズボンを引き下げる。

保育者は正面から見守る。下ろせない場合は「お手伝いさせてね、いい?」と聞き、その部分だけ手伝う。背後に回り、さりげなくいっしょに下ろしてもよい。

② ひざくらいまで下ろしたら、座って足を抜く。

転ばないように、足を抜くのは座って行う

ズボンをはく

はきやすいズボン

足を入れやすいように、裾が短めのズボンを用意するか、裾をたくし上げて短くしておく。

① 足を入れやすい向きにして、ズボンを置いておく。

前

人権 ポイント

援助がいらなくなる タイミングを見極める

だんだん自分でやりたいと思うようになるので、その気持ちを大切にしましょう。2歳の後半くらいには、服の前後や上下も理解し、自分で着やすい向きに置いて着られるようになってきます。できること・できないことを見極めながら援助することが大切です。

② ズボンに足を入れる。

> 座って足が入れられる場合

> 立って足が入れられるように
> なったら

保育者は「足を上げてね」
などの声かけを

うまくはけないと
きは保育者が
後ろから手伝う

壁を背にして、
もたれかかれる
ようにしておく

> 座って足を入れる動作が
> 不安定な場合

③ 立ち上がり、ズボンを上げる。

ハイ
みぎあしさーん

壁を背にして、もたれ
かかれるようにしておく

保育者は正面から
手伝う

足を意識して上げら
れるように台を置き、その
上に座らせる

お尻を入れるところが難しいので、子どもがズボンの前側
を引き上げようとしているときに保育者が後ろ側をさりげな
くいっしょに引き上げると、スムーズにはける。

人権
ポイント

ひとつ動作をするたびに声をかける

楽しみながら取り組める工夫が大切です。「お着替えしようね」「お袖を脱ぐよ」「ポーン♪」「ズボンをはこうね」
など、ひとつ動作をするたびに笑顔で目を合わせ、声をかけましょう。ズボンをはくときに「右足さん、どっちかな？
こっちだね。トンネルさんに入るよ。出てくるかな？ 出た！」、上着を脱ぐときに「いない、いない、ばー！」など、
ゲーム感覚の声かけを考えてみてもよいでしょう。声かけは、0歳児でも必ず行います。

靴の着脱 の基本

靴の着脱は難しいので、「脱ぐときにかかとを外した状態の靴を引っ張るだけ」「履くときに足先を入れるだけ」など、はいはいができるくらいを目安に、できるところから始めましょう。

 靴を脱ぐ

1 靴のかかとを外す。

かかとを外すのは難しいので保育者が手伝う。

2 靴を引っ張って脱ぐ。

最後の引っ張るところは子どもが行う。

こんなとき、どうする？

援助しようとすると嫌がるイヤイヤ期。どうしたらいい？

なんでも「嫌！」「だめ！」「自分で！」というイヤイヤ期。大変な時期ですが、これも大事な成長のひとつです。「自分で！」が始まったら、手伝う前に「お手伝いしてもいい？」と声をかけ、「いいよ」と言われるまで手を出さないようにします。ここで手を出すと、子どもは怒ったり泣き出したりしてしまいます。手伝いを嫌がったら、「じゃあ、もうちょっと待ってるね」と言って待ちましょう。うまくできず子どもが困った顔を見せたときに、「よくできたね。そこだけお手伝いしていい？」と聞くと、手伝いを受け入れられやすくなります。援助はさりげなく行い、「自分でできた」という達成感を味わえるようにしましょう。

靴を履く ※マジックテープで留めるタイプの靴で解説します。

履きやすい靴

履き口が広く開き、素材が柔らかく、マジックテープで留めるタイプの靴が着脱しやすいです。かかとをしっかり支えられて、通気性のよいものを選びましょう。ゴムで締めつける靴や硬い靴は、自分で着脱しづらいので避けた方がよいでしょう。また、転びやすくなるので大きめのサイズはNGです。

1 マジックテープを外し、
履き口を広げておく。

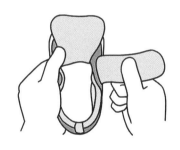

2 靴に足を入れる。

「足の先っぽを入れようね」
などと声をかける。かかとまで入れるのが難しいので、保育者は靴の後ろを少し引っ張って援助する。側面が引っかかる場合は靴を横に少し広げる。

3 かかとをトントンして靴に
足をフィットさせる。

「かかとをトントンしてね」と声かけをする。
※"かかとトントン"は0歳児から行う。

4 マジックテープでしっかり
固定する。

靴下の着脱 の基本

靴下は援助があれば0歳児でも引っ張って脱げますが、着脱に両手を使うので、難易度は高めです。かかとの部分が引っかかりやすいので、スムーズにはけるように援助しましょう。

 ## 靴下を脱ぐ

1 靴下のかかとを外す。

2 靴下を引っ張る。

難しいので保育者が手伝う。

まずは引っ張って脱げたという達成感を大切にする。

 ## 靴下をはく

はきやすい靴下

ゆるめの靴下がはきやすい。ストレッチが効きすぎているものは避けた方がよい。

1 靴下に足先を入れる。

小指が引っかかりやすいので、保育者が援助するときは、靴下を横に広げる。

2 靴下を上に引っ張る。

かかとやつま先の部分をうまく入れられない場合は、保育者が整える。

帽子の着脱 の基本

帽子は0歳児からかぶることができます。前後を反対にかぶってしまうことが多いので、保育者がかぶる様子を見せると理解しやすくなります。

 帽子をかぶる

1 保育者がかぶっているところを見せる。

帽子をかぶって
お外にいこう

2 帽子をとって子どもに見せる。

これね

 人権ポイント　**子どもの視点で見せる**

帽子をかぶるときの流れを理解してもらうために、子どもがかぶるときの視点で帽子を見せます。
帽子のつばを子どもに向けて裏側を見せながら「この帽子をかぶろうね」などと説明しましょう。

3 そのまま頭に帽子をかぶせる。

ハイ

最初は上から押さえるようにギュッとするだけでOK。自分でかぶれた気持ちになれる。

4 帽子を下に引っ張る。

お帽子
ギュー

5 ゴムをかける。

できたねー
さいごは
そっとゴムを
おろします

自立に向けて

少しでも自分でできたら
大げさに喜ぶ

着脱のほとんどを保育者が援助し、最後に少しだけ自分で引っ張ったり、腕を伸ばしたりしただけでも、「自分でできたね！すごいね！」と大げさに喜び、達成感を味わえるようにしましょう。繰り返していくうちに徐々に理解して一人でできるようになります。2歳頃には、「上着を着ようね、それが終わったらズボンね」と伝えるだけで、ある程度のことができるようになるでしょう。

そのときの様子を見て、
どこを手伝うかを考える

できる・できないには波があり、一度できたからといって、次も同じようにできるかはわかりません。普段からその子ができる部分とできない部分を把握しておきつつ、そのときの機嫌ややる気などもよく見て、そのつど、どこまでを一人でできそうかを見極めて援助していきましょう。

保護者とのコミュニケーション

保護者へは着脱の
しやすい服を用意してもらう

着脱しやすい服を……

ピッタリサイズの服やデニムなどの硬めの素材は、子どもが着脱するには不向きです。シンプルでゆとりのある衣服を用意してもらうようにおたよりなどで保護者へ伝えましょう。p.63～68では、どんなものが着脱しやすいか、アイテムごとに紹介しています。

Section **7**

清潔
のかかわり

汗をかいたらシャワーを浴びる、食事の前には手洗いをする、食後には口の中をきれいにするなど、体を清潔な状態に保つことは、健康な生活を送るために欠かせません。子どもが自分から進んで行えるように援助していきましょう。

シャワーは事前に
手順を確認しておく

子どもは、体は小さくても汗が出る腺(汗腺)の数は大人と同じなので、暑い日は特に汗びっしょりになることがあります。そのままにしておくと、あせもの原因になるので、シャワーできれいに流しましょう。また、水にかかわることは危険が伴うということを忘れずに。事前に手順を確認し、万全の体勢で臨みましょう。

手洗いや鼻かみを
習慣づけるための援助を

感染症が流行する時期は特に、手洗いの重要性が増し、鼻をかむことも増えます。はじめは保育者が実際にやって見せたり、やり方を伝えたりしながら、正しく行えるように援助していきましょう。手洗いや鼻かみ、うがいをするときれいになることを伝え、清潔に関する意識や意欲を高めていきましょう。

人権の
視点で

シャワーの際は、おむつ替え同様に、子どものプライバシーを保護する配慮が必要です。また、どの援助を行うにしても、単なる流れ作業にならないように、「手を洗おうね」「鼻をかもうね」など、必ず一人ひとりていねいに声をかけながら行うようにします。衛生習慣を楽しみながら身につけられるように、声かけを工夫して楽しい雰囲気づくりを心がけましょう。

清潔 の発達の目安

月齢 年齢	0か月	6か月	1歳

体の発達

嫌がらずに顔や手を拭いてもらう

おむつが汚れると泣くなど、声で知らせる

目の前の物は

行動範囲が広がると、汚れる機会が増えます。

かかわり

子どもが触れるものは常に衛生的に：みんなで使うものは特に気を配る

生活の流れのなかで、清潔を意識できるようにする：

2歳

なんでも口に入れる

うがいをしようとするが、飲み込む子が多い

「汚い」「きれい」がわかってきて、手や服が汚れると気にする

手洗いはサポートしてもらうと自分でできる

口に水をためブクブクペッと吐き出す
（ブクブクうがい）

援助されずに、一人でやりたい気持ちが強くなります。

鼻水を気にして自分で拭こうとする

まだ完璧ではないが、
サポートなしで一人で
手を洗えるようになる

活動が切り替わるときに声かけを

手洗いやうがいのサポート：手本を見せたり、手を添えたりするなど個別に援助を

清潔にすることの意味を伝える：
絵本や紙芝居などを使うのもおすすめ

シャワーの基本

子どもたちは汗っかきです。暑い日はシャワーで汗を流し、体を清潔に保ちましょう。さっぱりすれば、気分転換にもなります。

 ## シャワーのやり方

1 湯の温度を確認する。

湯温は37〜38℃程度に設定。触れると少し温かく感じる温度

2 声をかけて、足元から徐々に湯を流す。

つかまり立ちができる場合は手すりなどにつかまって、できない場合は座って行う

せっけんは使わなくてOK。軽く洗い流す程度でよい

人権ポイント　プライバシーを守る

シャワー中、裸の体が周囲から見えないように、個室でシャワーを行ったり、パーティションで区切ったりして配慮しましょう。座ってシャワーを行う場合は、洗うとき以外は陰部をガーゼなどで覆っておきます。脱衣所、シャワーをする場所、着替えをする場所への移動時も、周囲から見えないように配慮しましょう。

3 タオルで拭く。

体が包み込めるサイズのバスタオルが最適。体全体を手早く拭けて、体が冷えるのを防げる

4 服を着たら、水分補給をする。

水や麦茶などで水分をとる。保育者自身も水分補給を

ここに注意！

湯をかけるときは必ず足元から

いきなり体の上の方に湯がかかるとびっくりしてしまいます。本人の心構えができるよう必ず声をかけ、心臓から遠い足→下半身→上半身→顔の順に洗います。

シャワーのポイント

少なくとも3人の
保育者が必要

シャワーは子ども1人ずつ行います。その場には、少なくとも3人の保育者が必要です。子どもの服を脱がせて浴室に連れて行く保育者、シャワーで汗を流す保育者、終わった子どもの体を拭いて服を着せる保育者です。それぞれがするべきこと、予想される子どもの動き、起こりやすいアクシデントなどについて十分に話し合っておきましょう。

周囲に危険がないか
チェックしておく

裸の状態の子どもは、開放感から興奮しがちです。床がぬれていないか、おもちゃが散乱していないかなど、周辺の環境も整えておきましょう。

心の準備ができるように
必ず声かけをする

裸になった子どもは無防備なので、子どもなりに心の準備ができるよう配慮が必要です。「汗をいっぱいかいたね、シャワーでさっぱりしよう」「服を脱ごうね」「お湯をかけるよ、あったかいね」など、そのつど言葉で伝えましょう。

> シャワーで
> さっぱり
> しよう

こんなとき、どうする?

シャワーを嫌がって
泣き出してしまう。
そんなときは?

もっと遊びたかった、顔に水がかかるのが嫌、湯の温度が合わない、体調が悪い、シャワーの水圧が強すぎるなど、嫌がる理由があるはずです。保護者に家庭での入浴の様子を聞くなどして、嫌がる原因を取り除きましょう。

> もっと遊びたい?
> お湯の温度?

手洗いの基本

1歳児になると、立って手洗いをすることが少しずつできるようになります。外遊びから帰ってきたときや食事の前には、手洗いを習慣づけましょう。

 手洗いのやり方

1 手をぬらしてせっけんを泡だてて、手を洗う。

はじめは保育者が背後から援助する

手をきれいにしようね

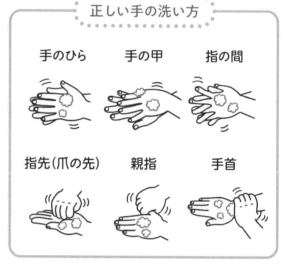

正しい手の洗い方

手のひら	手の甲	指の間

指先（爪の先）	親指	手首

2 泡を流し、手を拭く。

ペーパータオルや清潔なタオルでよく拭く。ペーパータオルの場合、1歳児以下では自分で取るのは難しいので、「2つの手でぎゅっとしてごらん」と声をかけ、必要に応じて、横からいっしょに引っ張る。

3 流し残しがないかチェックする。

「ピカピカになったね！」と、手を洗った結果どうなったかを伝える。流し残しがあれば、再度洗う。

？ こんなとき、どうする？

手洗いを嫌がる・手洗いが水遊びになるときは？

例えば、ごはんが早く食べたくて手を洗いたくないときは、「ごはん、食べたいよね」と、受けとめながら、「あれ？ 手がピカピカしちゃうかも。先生、洗ってみるね」など、保育者が楽しそうに洗ってみましょう。反対に手洗いがなかなか終わらないときは、「お水じゃぶじゃぶ、楽しいね。どれどれ、きれいになったかな」「手がピカピカ光っているね。よかった。おいしそうなごはんがあるよ。見てみる？」など、まずはその子の思いを言葉にしてから、手を洗うことから違う方向に、そして次の行動（〜したい、ここでは食べたい）に向けて声をかけてみるとよいでしょう。

鼻かみの基本

2歳児くらいまでは保護者が援助して、鼻かみの気持ちよさを感じられるようにしましょう。3・4歳児になると自分で鼻を拭けるようになり、4・5歳児になると自分で鼻をかめるようになります。

 鼻かみのやり方

① 鼻水で出ていることを知らせる。

お鼻
かもうね

箱型のティッシュペーパーが入る
肩掛けのバッグがあると便利

② 軽く口を押さえ、やり方を説明していっしょに鼻をかむ。

お口を
ギュッと閉じて、
フンッてしてね

鼻水が出たら「上手！
きれいになったね。
ばい菌さん、いなく
なったね」と伝える。

一人ずつティッシュペーパーを替える

 人権ポイント **鼻水が出ていることを意識できる声かけを**

子どもの鼻水が出ているからといって、黙って拭かないこと。必ず「お鼻が出てるよ。気持ち悪いから鼻をかもうね」「お鼻が出ているから拭いてもいい？」など、鼻水が出ていることを意識できるような声かけをします。

！ 知っておきたい！

鼻かみや手洗いのあとは保育者も清潔に

子どもの鼻をかんだり、子どもの手洗いを援助したときは、保育者も忘れずに手を洗いましょう。そのつどせっけんを使い、感染症を予防しましょう。

うがい・歯みがき の基本

園では口腔内を清潔に保つためにうがいをしましょう。
0・1・2歳児では上を向いて行うガラガラうがいは難しいので、簡単な方法で行います。

うがいのやり方

●うがいができない1歳児は
食後にお茶を飲んで清潔に。

●簡単なうがいができる2歳児は
口に水を含み、すぐに吐き出す。

「お茶をゴクゴクゴックンしようね」と
声かけをして、お茶を飲むことで口
の中にある食べかすを減らす。

少人数で距離を
とって行う。

「お水をお口にためて
クチュクチュしようね」
「お口の中にばい菌
さんがいるから、ここ
にぺーしてね」とやり
方を伝える。

こんなとき、どうする？

「家で歯みがきを
嫌がる」と保護者に
相談されたら？

安全・衛生の観点から、近年は園で歯みがきを行うことは少なくなっています。
一方で、保護者から歯みがきに関する質問を受けることは多いでしょう。特に多いのが、「歯みがきを嫌がる」という悩み。その場合は、ぬいぐるみなどを用意し、まねっこ遊びをするように促してみるのもひとつの方法です。「○○ちゃんもやっていい？」「ママも○○ちゃんにやるね」と言うと、嫌がらなくなることがあります。また、歯ブラシを当てるときに歯肉に当たると、その刺激が痛みとなり、歯ブラシを嫌がることがあります。当たらないように注意してみがくことも大切です。